Cloud Computing
Principiantes

Cloud Computing – Principiantes por
Marcelo Carlos Cancinos

ISBN: 9798592335037

Imprint: Independently published

CONTENIDO

Que es Cloud Computing?

Podemos comenzar por decir que cloud computing, en un principio no es una tecnología en particular, sino que se trata de un conjunto de tecnologías bridada por un prestador de servicios, o sea, es una manera de acceder a recursos que se suelen acceder a través de un navegador, una web o una aplicación de manera directa.

Lo que lo convierte, en lo que se suele decir, un modelo de entregas y consumo de servicios.

Algo que se espera de estos recursos, es que sean escalables y se pueda ajustar rápidamente a mis necesidades.

Otra de las características que suelen tener este tipo de servicios es que se suele pagar por lo que se consume, lo que se utiliza, es una suerte de alquiler de recursos.

Existen diversas empresas que hoy día brindan este tipo de servicios, y no solo son los grandes, también existen otras tantas más pequeñas que lo hacen.

Nombrare algunas de las más conocidas:

Google Cloud

IBM

Amazon (AWS)

Microsoft (Azure)

Alibaba Cloud (la gigante China)

Oracle

Fujitsu

RackSpace

Virtustream

CenturyLink

A La hora de contratar algunos de estos servicios, es muy importante tener bien en claro cuáles son las bases y condiciones del prestador de servicios.

Esto de tener en claro cuáles son los servicios y las condiciones que nos brinda el proveedor es importantísimo, ya que exceptuando que nos tratemos de una empresa u organismo de estos monstruos gigantes, tendremos que utilizar los servicios que tenemos disponibles tal y como nos los brindan.

Ya que, por ejemplo, no podemos ir a Amazon o a Google y decirles, "me gustaría que el servicio de almacenamiento de archivos tenga tal y cual característica adaptada a mi necesidad".

La cosa es, que uno adapta sus necesidades un poco más a lo que estos proveedores de servicios nos brindan.

Aceptando los servicios tal cual y como son y no tanto como nos gustarían que sean.

También hay que tener en cuenta, que por otro lado, la empresa proveedora de servicios, supongamos Microsoft, realiza un conjunto de inversiones anticipadas, para preparar plataformas y conjunto de infraestructuras para poder brindar estos servicios.

La nube

Podemos comenzar por explicar que es la nube.

Bueno, esta, no es ni más ni menos que un concepto.

Es un conjunto de computadoras dispuestas en Datacenter.

El hecho de estar utilizando "alquilando" este tipo de servicios de cloud computing, hace que no tenga que tener yo la infraestructura armada en mi empresa.

Por lo cual en un principio, pareciese que el costo inicial es más económico. Ya que no tengo que encargarme del armado de los Datacenter y su mantenimiento.

Pero por supuesto, esto depende del modelo de negocios que yo tenga pensado para este fin.

Otra cosa que también destaca, es el tema de la seguridad.

El hecho que el que se encarga de la misma, es la empresa que contratamos como proveedor de servicio.

Que como hemos visto, son empresas muy grandes y por lo general se supondrían que tienen un alto nivel de calidad en la materia de seguridad.

Lo que también se suele destacar, es la inmediatez de uso.

Ya que al ser servicios que ya están disponibles, solo tengo que contratarlos y comenzar a usarlos.

La nueva generación:

Es por estas características, por el uso de redes sociales, el hecho de contar con dispositivos móviles que nos permiten operar desde cualquier parte y la big data, que a toda esta tecnología se lo comienza a conocer como el salto de la tercera generación de plataforma.

Así como la primera fueron los main frames, la segunda la tecnología de clientes servidor gracias a la aparición de internet.

Existen algunas personas que consideran que ahora estamos en la tercera generación con respecto a la plataforma.

Aunque lo que en la actualidad es una realidad, es que en realidad estamos en un sistema hibrido o bimodal en donde están conviviendo estos dos modelos de negocios.

El tradicional y lo que se está vislumbrando con estas tecnologías de tercera generación o tercera plataforma.

Tipos de nubes

Hoy en día decimos que hay tres tipos de nueves.

Privadas, públicas o hibridas.

Para que se entienda nos referimos con redes públicas a aquel servicio remoto brindado de un tercero.

Por ejemplo si el servicio lo brinda google.

Mientras que una nube de tipo privada, es aquella que es armada dentro de mi empresa, con mi propia infraestructura.

Esto se puede deber a que hay algunas empresas o entidades que no confían del todo sus datos a terceras empresas.

Lo cual es totalmente entendible.

Y por lo tanto si así lo deciden tienen la necesidad de replicar la nube en sus instalaciones.

Y como es fácil de imaginar, una nube hibrida, sería el tener armada mi propia nube y acceder a la nube por ejemplo de Microsoft.

O cualquier otra, cuando yo no de abasto con mis propios recursos o no disponga de alguno de los recursos en mi infraestructura.

También, podemos decir, que en muchos casos una nube hibrida podría hacer uso de herramientas de diferentes proveedores de servicio cloud.

Como también podemos decir que una nube privada o hibrida también podría ser una nube pública para un tercero.

Como sea, todo depende del modelo de negocios, la infraestructura, las necesidades y las posibilidades de cada uno.

Por último podemos hablar del concepto de nubes comunitarias.

Que sería el caso de un sector que comparte problemáticas en común.

Que se unen para poder utilizar y brindarse entre ellos estas características de servicios.

Un buen ejemplo de esto es en el sector de la educación o la salud, en servicios públicos.

Para que puedo usar la nube

Ante todo tenemos que tener en cuenta que las empresas que nos brindan servicio de cloud poseen una infraestructura monstruosa que nos permite acceder a todos estos servicios bajo demanda.

Y quizás una de las cosas que hace más atrayente a estos proveedores de servicios es que siempre están a la vanguardia en la tecnología y la hacen disponible de forma sencilla y instantánea al usuario.

Algo que no es tan fácil de replicar de forma privada.

Por otro lado no hay solo que pensar que una empresa como Google que nos brinda servicio de cloud computing y nos permite alquilar sus servidores para poder hacer trabajo como big data que no es el único tipo de servicio en la nube.

Bajo los conceptos que estamos manejando, una empresa que nos permite armar nuestro propio sitio web, con una plantilla, al instante, escalable y que nos brinda todo lo que nosotros necesitamos, sin tener que tener conocimientos de tecnología.

Podría considerarse que también nos está brindando un servicio cloud.

Lo mismo podría pasar con empresas que nos brindan Apis, que nosotros podemos usar desde nuestras aplicaciones.

Es por eso que hay que tener la mente amplia a la hora de hablar de cloud computing.

Al principio decíamos que la nube no es una tecnología en particular, sino un cambio de paradigma de trabajo.

Un conjunto de tecnologías con una forma de uso, inmediata, escalable.

¿Es rentable brindar servicio de nube?

A la hora de pensar en montar o brindar un servicio cloud, tenemos que tener en cuenta varios y diversos factores.

No solo es el hardware, sino también tenemos que pensar en software.

Debemos recordad que para brindar un servicio en la nube debemos realizar una inversión anticipada en varias áreas, desde tener el equipamiento hasta el personal idóneo.

Una vez que ya poseemos el hardware es lógico que no lo quiera tener ocioso es por eso que esta tecnología es ideal.

Ya que una de las cosas que tiene de bueno es que funciona bajo demanda.

Imaginemos que brindo servicio de housing de forma tradicional.

Y alquilo una computadora, un servidor a una persona que me paga una mensualidad por tener un servidor con determinadas características técnicas, pero realmente este servidor casi no tiene uso.

Supongamos que tiene un uso diario de 1 hora por día unas 30 horas mensuales.

De igual manera, este servidor debe estar enchufado a la red eléctrica, a internet, en un ambiente controlado dentro de un centro de cómputos refrigerado, monitoreado, con tecnología de respaldo de información y de electricidad, con el equipo técnico necesario para hacerlo andar y con las licencias de software que necesita.

Bueno, si lo vemos de esta manera es casi lo mismo que este servidor funcione 30 horas al mes o 24 hs por día, 7 días a la semana, brindando este o incluso otro tipo de servicios.

Lo importante es que esté disponible para mi cliente en el momento que él lo necesita.

Y es ahí donde entra en juego este modelo cloud.

Poder aprovechar al máximo mi hardware brindándoles a mis clientes lo que ellos necesitan en el momento que lo necesita, y porque no dándole capacidades que solos no podrían obtener.

Supongamos que tenemos unos clientes que nos contratan para utilizar nuestro equipo para entrenar sus redes neuronales y a nivel de hardware mi empresa que les brinda este servicio utiliza x cantidad de servidores, supongamos que utiliza 40 servidores.

Bueno para la empresa que me contrata es totalmente beneficioso ya que no debe poseer ella esos 40 servidores que solo usara una o dos veces, y solo pagara por el tiempo que emplea esos recursos.

De la misma forma al ser escalable quizás la segunda vez que solicite mi servicio en vez de utilizar 40 de mis servidores utilice 50.

Volviendo a, si es rentable no, por supuesto lo deberá evaluar cada empresa.

Pero podemos dar un segundo ejemplo que nos sirva para comparar el modelo cloud con otro muy conocido que es el servicio de tiempo compartido donde varias personas utilizan varios apartamentos en diferentes lugares donde de otra forma una persona debería ser dueño de un departamento en cada lugar para poder ir.

En cambio solo posee este tiempo compartido y utiliza lo que él necesita y desea dejando el lugar libre para otros copropietarios cuando estos lo necesitan o desean utilizar.

También digamos para que se entienda que un servicio de red eléctrica es algo similar.

El prestador de red eléctrica hace una inversión grande por anticipado en infra estructura y personal.

Luego reparte sus servicios bajo demanda a aquellos que lo necesitan.

Volviendo a nuestra empresa que brinda servicios de cloud tenemos que pensar que a la hora de facturar, la facturación puede ser muy creativa, ya que podemos facturar por hardware, o sea uso de memoria, disco, CPU o por software uso de licencias por cantidad de usuarios o uso de capacidades de bases de datos.

De esta forma cada uno de nuestros usuarios pagara por el uso que le dio durante determinado tiempo a un CPU, una base de datos y la cantidad de usuarios que accedieron, generando como decía anteriormente una forma diversa y creativa de facturarles a nuestros clientes.

Pero a su vez permitiendo a los mismos solo pagar por lo que realmente utilizan.

El inicio

El CIO (Chief Information Officer) es responsable de los sistemas de tecnologías de la información de la empresa a nivel de procesos y desde el punto de vista de la planificación.

Y una vez este esté convencido de sus necesidades deberá comenzar probablemente una tarea titánica y cambiar la forma cultural de como su empresa ve la tecnología.

Ya que estas, están acostumbradas a manejarlo todo y tener total control sobre las cosas.

Porque deberíamos alquilar servidores o plataformas o esta "nube", si nosotros contamos con nuestro propio centro de cómputos y personal técnico.

Es por eso que decimos, que las empresas tiene que cambiar su cultura, su forma de pensar.

Puede ser incluso un cambio radical en la forma de trabajar de la empresa.

¿Pero todas las empresas deben hacerlo?

La respuesta es no.

Solo aquellas que no puedan proporcionarse sus propios recursos o que los parámetros costo beneficio de utilizar recursos propios generen costes mayores a utilizar servicio cloud.

O aquellas que no puedan garantizar algunos aspectos esenciales como, la seguridad o el respaldo o poder estar actualizadas constantemente en tecnologías.

El CIO, deberá evaluar arduamente cada uno de estos parámetros a la hora de tomar estas decisiones.

Podemos decir entonces, que adaptar un modelo cloud, implica asumir cambios.

Iaas

Infraestructura como servicio, también conocida como servicios de infraestructura en la nube, es una forma de cloud computing que ofrece a los usuarios finales una infraestructura de TI a través de Internet.

Sobre la capa física del hardware, existe una capa software de abstracción, (visualización) o sea separa el software, de la capa de hardware.

Se puede ofrecer hardware, o sistema operativo.

Entonces yo como usuario de la nube, puedo elegir, que hardware quiero, cuantos procesadores, que sistema operativo deseo.

A esto se le suman las redes y comunicaciones, el almacenamiento.

Todo esto nos acerca al concepto de Maquinas Virtuales.

En resumen, IaaS se basa en abstraer la capa hardware de la infraestructura y ofrecerla en modo servicios, como CPU, memoria, almacenamiento.

Por su lado el usuario administra esto mediante una interface de administración, que suele ser por web.

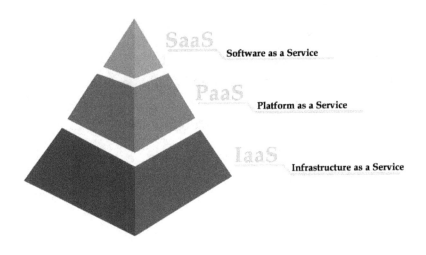

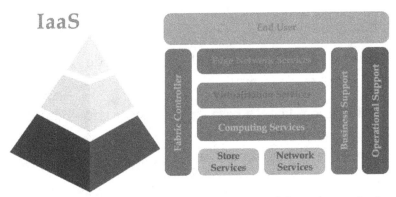

Hardware defined / Software defined

Básicamente HDDC, SDDC son dos tipos de modelos que se le suelen brindar a los usuarios de la nube.

Mientras que las definidas por el software, no importa tanto el hardware de base y se esmeran en sus diferentes servicios de software.

Las HDDC o definidas por el hardware se suele dar por alguna necesitad especifica de parte del cliente, que solicita alguna característica en particular de un software particular.

Podemos citar como ejemplo para plataformas definidas por el software, a la nube de Amazon.

Donde lo más importante son el grupo de servicios que nos brinda.

Y como ejemplo de definido por el hardware podemos poner al hecho de utilizar tiempo de proceso de un computador cuántico.

Donde el hardware es tatamente específico para tareas especificas.

Infraestructura hiperconvergente

Así como, anteriormente mencionamos dos tipos de paradigmas, uno basado en el hardware y otro en el software.

Existe un tercero que es la Infraestructura Hiperconvergente o HCI.

Es un sistema unificado y definido por software que reúne todos los elementos de un centro de datos tradicional:

Almacenamiento, recursos informáticos, red y gestión.

Utiliza software y servidores x86, gracias a esto, es posible reducir la complejidad del centro de datos y aumentar su escalabilidad.

Consta de cuatro:

- Virtualización del almacenamiento

- Virtualización de recursos informáticos

- Virtualización de red

- Funciones de gestión avanzadas, incluida la automatización

En definitiva hay que entender que a la hora de elegir entre un modelo definido por software, por hardware o hiperconvergente.

Que no hay una decisión única para todas las necesidades.

Y que para cada necesidad se debe aplicar una solución específica y personalizada.

Plataforma como Servicio PaaS

Es una capa más de abstracción, lo que se le suele llamar middlewares.

Cuando hablamos de middlewares o lógica de intercambio de información entre aplicaciones es un software que asiste a una aplicación para interactuar o comunicarse con otras aplicaciones, o paquetes de programas, redes, hardware o sistemas operativos

Un ejemplo de esto podría ser un servidor web, o sea, vemos que sigue siendo una capa de software, pero es una capa que brinda un servicio.

Podemos decir que no está en la capa básica de software como el sistema operativo.

Según Microsoft Azure (la nube de Microsoft), el Paas, la plataforma como servicio es un entorno de desarrollo e implementación completo en la nube, con recursos, desde aplicaciones sencillas hasta aplicaciones sofisticadas habilitadas.

Usted compra los recursos que necesita a un proveedor de servicios en la nube, a los que accede a través de una conexión segura a Internet, pero solo paga por el uso que hace de ellos.

Al igual que IaaS, PaaS incluye infraestructura (servidores, almacenamiento y redes), pero también incluye middleware, herramientas de desarrollo, servicios de inteligencia empresarial (BI), sistemas de administración de bases de datos, etc.

PaaS está diseñado para sustentar el ciclo de vida completo de las aplicaciones web: compilación, pruebas, implementación, administración y actualización.

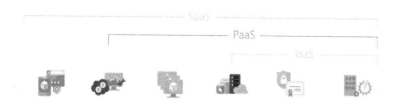

Por ejemplo, lo que podemos hacer es crear y desplegar aplicaciones sin preocuparnos por las licencias, las maquinas virtuales, el almacenamiento, el hardware.

Lo que suele pasar es que esta plataforma, le brinda un conjunto de Apis al desarrollador, que a su vez esta api consume del api de infraestructura.

Por ende esta capa de software de manera autónoma, va pidiendo a la capa de infraestructura capacidad a medida que la precise.

Por ejemplo, necesito más memoria o desplegar recursos en alguna localidad en particular.

De esta forma los equipos que desarrollen servicios, al usar estas plataformas, no deben tener en cuenta los problemas de compatibilidades o de recursos de hardware.

Pudiéndose centrar específicamente en realizar sus tareas que son la de desarrollar servicios.

Un ejemplo muy claro es el tema de las bases de datos, quizás aquí se termina de entender mejor el funcionamiento.

Cuando uno desarrolla una aplicación normalmente debe decidir qué sistema de base de datos instalara o utilizara.

Y dependiendo del tipo de base de datos, la sintaxis de programación de la misma o el armado o creación del sistema de base de datos puede variar.

En cambio en este tipo de paradigmas de trabajo de Plataforma como servicio.

Uno programa en el framework, y utiliza las bases de datos, sin preocuparse de que base de datos es la que realmente se está utilizando de fondo.

O donde se encuentran específicamente en forma física almacenadas estas bases de datos.

Por ende, esta forma de manejar la plataforma, permite una gran portabilidad.

Ya que el hecho de abstraer e independizar la aplicación de la infraestructura, ayuda a la portabilidad.

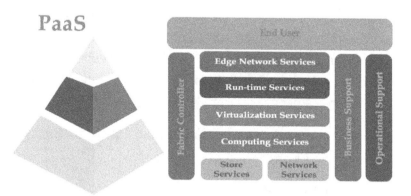

Platform as a Service

Podemos resumir que la plataforma como servicio, consume recursos del Iaas a través de una interface y su foco esta puesto en la aplicación abstrayéndola de la infraestructura.

Por ejemplo dropbox, lo utilizo para almacenar mis datos, pero no me importa en qué sistema operativo corre, o en que hardware.

Software como Servicio SaaS

Este sería como una etapa donde ya no nos interesaría cómo funcionan las cosas sino los servicios que me brindan independientemente de en que hardware puedan funcionar o en qué sistema operativo, es comparable con usar un automóvil, lo enciendo sin importar cómo funciona el motor o un website de red social que lo uso sin importar como funciona o que hardware es necesario para que funcione.

Podemos decir que los servicios SaaS son la abstracción máxima de los servicios de Cloud.

Por encima de los Paas.

Google Stadia

Stadia nos viene excelente como ejemplo de servicio en la nube.

Para el que no lo sepa, Google Stadia es una consola de videojuegos que se accede a travez del navegador, funciona tipo streaming, como puede ser cualquier video de youtube, como si fuese un video interactivo, o el viejo concepto de televisión interactiva, donde se proyecta o se visualiza en el browser lo que nos envían del servidor y nosotros mediante los controles interactuamos.

Básicamente, jugamos.

Esta consola virtual, tiene su contraparte en hardware del otro lado de la conexión y como hablamos antes del Software como Servicio, esta consola no es ni más ni menos que lo mismo.

Nosotros, la usamos, pagamos un alquiler mensual por la misma, sin importarnos que hardware hay del otro lado, cuanto espacio de almacenamiento es requerido para guardar nuestras partidas o los juegos, cuantos recursos se consumen o si se actualiza la versión de la consola o de sus placas de video en algún momento.

Lo fantástico de este servicio es que la potencia de cálculo, de CPU, velocidad de disco, placa de video ya no es importante para poder jugar a video juegos realmente fascinantes y que consumen muchos recursos.

Ya que teniendo acceso a un navegador en una computadora o celular o tablet, puedo desplegar el potencial de esta consola de video juegos virtual, que no estará gastando los recursos de mi máquina para calcular los polígonos y las texturas, sino que lo hará en el servidor y llegara un video a mi maquina que como dije no necesita recursos más que los básicos justamente para reproducir video y una buena conexión a internet.

Pero que más esconde stadia.

Bueno, básicamente esconde el grial de la nube.

De la misma forma que yo puedo jugar a una consola virtual, puedo, crear una maquina virtual, que corra en un servidor y yo simplemente recibir un streaming en mi computadora (de pocos recursos básicos) y utilizar todo el potencial de la maquina virtual que este alquilando, imaginemos que el negocio de alquilar mi computador personal en la nube es realmente gigantesco, ya no se necesitaría de computadores personales cada vez más poderosos, sino que estos estaría del lado del servidor.

De la mismas forma no se necesitaran mas actualizaciones de hardware, o quizás mesclando con el paradigma actual de la nube, mi computador no sea específicamente un i7 por ejemplo, sino que yo pueda acceder al procesador que necesito con la potencia que necesito, con el disco que necesito en el momento que necesito fácilmente escalable.

Sin la necesidad de preocuparme realmente de que procesador estoy utilizando en realidad.

Todo esto como digo es el santo grial de la nube, los servicio corriendo del lado del servidor.

Supercomputadores, y grandes centros de cómputos que se encargan de manjar esta nube haciendo invisible, abstracción los recursos de hardware, hasta incluso a nivel sistema operativo para el usuario, que se despreocupara de licencias y hardware.

Un poco se puede sentir que es volver al tiempo de lo que alguna vez dijo IBM, que solo habrá en el mundo algunos pocos súper ordenadores.

Y a esto habría que sumar que el resto serian un conjunto de terminales bobas, como se hacía en los principios de la informática.

En definitiva es importantísimo para implementar estos paradigmas la figura del CIO o el Cloud Broker que es una entidad que gestiona el uso, el rendimiento y la entrega de servicios en la nube, y negocia las relaciones entre los proveedores y los consumidores de la nube.

No quiero dejar de mencionar un servicio similar a Stadia, lanzado por Amazon, Amazon Luna.

Seguridad

El cambio y las inseguridades, justamente se dan ya que la forma de trabajar es diferente.

Nos despierta desconfianza porque la información, los datos, ya dejamos de tenerlos físicamente en nuestros equipos, en nuestros discos rígidos.

Para confiar, que estarán seguros, estando en la nube.

Esto despierta mucha desconfianza del lado de los usuarios.

Y no solo esto, sino que también el hecho de que debemos confiar ciegamente que los proveedores de plataformas de servicios tengan altos niveles de seguridad.

Bueno, es hora de confiar.

Ya que es así, no solamente se nos permite a nosotros como usuarios hacer copias de seguridad de forma periódica, de manera muy sencilla.

Sino que los proveedores cloud, poseen ellos mismos sistemas de backups por si les falla un equipo.

No siempre estos sistemas son centralizados, muchas veces suelen ser distribuidos, de manera que si sucediese algún inconveniente en forma física en un data center, esto no afecte al servicio completo.

Y seguramente en pocos instantes estará totalmente funcional.

Ya que los data center suelen encontrarse en otro edificio o hasta incluso en otro estado u otro país.

Sin dejar de mencionar, los sistemas de cifrados y codificación que se utilizas.

Hasta dividir la información para evitar poner en riesgo la totalidad de la misma.

Quizás es entonces que podemos decir que no deberíamos preocuparnos tanto por la seguridad desde el lado de la empresa proveedora de servicio, sino del lado nuestro.

O sea como manejamos nosotros nuestra propia seguridad,

Que herramientas se me brindan a mí como usuario.

Como un único login para todos los servicios, o el hecho de no tener que tener los datos en forma local y trabajar en equipo directamente en la nube.

Como se ve la nube es un cambio de paradigma a la hora de trabajar y organizarnos, como empresa y como individuos.

Por otro lado lo que se recomienda, en vez de tener un esfuerzo de seguridad centralizado y unificado.

Es tener una micro segmentación de seguridad.

Generando una alta seguridad en cada uno de los micro segmentos.

De esta forma si la seguridad fuera vulnerada en uno de ellos no estaría en peligro la seguridad general.

Hay algunas técnicas nuevas como la basada en hipervisores, que lo que se hace es desplegar sistemas operativos sobre hardware virtualizado.

Un hipervisor o monitor de máquina virtual es una plataforma que permite aplicar diversas técnicas de control de virtualización para utilizar, al mismo tiempo, diferentes sistemas operativos en una misma computadora

Aunque este no es el más recomendado ya que no funciona sobre todos los modelos cloud.

El modelo que se suele utilizar y es mas recomendado es el de segmentación basada en lista de control de acceso.

No olvidemos que no solo podemos realizar un buen sistema de seguridad, sino que también podemos buscar incluso una certificación.

También algunos estados dan recomendaciones a las empresas proveedoras de servicios cloud de cuáles son los lineamientos básicos de seguridad para poder brindar dichos servicios.

Hay que tener en cuenta que cuando estamos pensando en seguridad, no solo tenemos que ver cómo evitar un ataque, sino como contenerlo, como evitar que se propague y como gestionar para evitar daños o poder revertirlos.

Si hablamos de seguridad en la nube, nos referimos a una amplia gama de políticas, tecnologías y formas de control para proteger nuestros datos.

Contamos con varios paradigmas de control.

Y se suelen agrupar en 4 tipos, disuasivos, preventivos, de detección y correctivos.

Controles disuasivos

Estos controles están destinados a reducir los ataques en un sistema en la nube. Cumplen el propósito de un signo de advertencia en una reja de una propiedad, los controles disuasivos reducen el nivel de amenaza al informar a los posibles atacantes que habrá consecuencias adversas hacia ellos si continúan con el ataque.

Controles preventivos

Los controles preventivos refuerzan el sistema en contra de incidentes, generalmente reduciendo o eliminando vulnerabilidades. Autenticaciones fuertes de los usuarios de la nube, por ejemplo, hace menos probable que usuarios no autorizados tengan acceso al sistema y que los usuarios sean identificados.

Controles de detección

Los controles de detección están destinados a detecta cualquier incidente que ocurra, este, va a señalar los controles de prevención o los controles de corrección para reconocer el problema.

Incluyen detección de intrusos y prevención y son típicamente utilizados para detectar ataques en el sistema de la nube.

Controles correctivos

Los controles correctivos reducen las consecuencias de un incidente, normalmente limitando el daño.

Su efecto ocurre durante o después de un ataque.

En ejemplo seria, después de un ataque, restaurar con sistemas de respaldo.

Seguridad según Amazon

AWS de amazon nos hablan de cómo ven ellos los aspectos básicos sobre la seguridad en la nube.

Dicen que es un servicio de rápido crecimiento que ofrece muchas de las funciones que tiene la seguridad de TI tradicional.

Incluyendo la protección de información crítica frente al robo, la filtración de datos y la eliminación.

Una de las ventajas de los servicios en la nube es que puede operar a escala y seguir disfrutando de protección.

Similar al modo en que administra la seguridad en la actualidad.

Afrontando otros aspectos preocupantes.

No se cambia el enfoque de administración de seguridad en torno a la prevención, la detección y la resolución.

Sin embargo, le permite realizar estas actividades de manera   más   ágil.

Sus datos están protegidos en centros de datos.

Aws nos dice que, como algunos países exigen que los datos se almacenen dentro del país, le puede resultar útil elegir un socio que disponga de varios centros de datos en todo el mundo.

El almacenamiento de datos suele exigir ciertos requisitos de conformidad, sobre todo para guardar números de tarjetas de crédito o información sanitaria.

Muchos proveedores de la nube ofrecen informes de auditorías de terceros para garantizar que disponen de procesos internos y su eficacia a la hora de administrar la seguridad en las instalaciones en las que se almacenan sus datos.

¿Cómo se trabajaba antes y cómo se trabaja ahora?

Por supuesto que hay que hacer un cambio y adaptarse y adoptar el nuevo modelo de trabajo.

A lo que se apunta es a trabajar todo desde el browser (el navegador), de esta forma podemos utilizar la tecnología cloud, desde cualquier parte, de la misma forma.

Da igual que este en mi casa, en la oficina o en el café, yo podría acceder a mis cosas, incluso desde cualquier otro ordenador y poder trabajar perfectamente como si estuviera en la oficina.

Ya se han dado algunos pasos desde el lado de la virtualización.

Y ahora se apunta a dar un paso más desde este modelo de trabajo cloud, como dije anteriormente, apuntando fuertemente al navegado.

El Navegador como pantalla interactiva

Hay que entender que el uso del navegador será imprescindible para el manejo cloud, ya que todo pareciese que está llevando para ese lado.

Como vimos en el ejemplo de Google Stadia, mediante un simple navegador que puede ser ejecutado en cualquier dispositivo básico, ya sea una pc de escritorio o un teléfono móvil con pocos recursos.

Esto llevará, el día de mañana, a contar con dispositivos cada vez más económicos, y al mismo tiempo corriendo recursos en forma remota y devolviendo el resultado al navegador, lo que portará a poder tener aun mayor conectividad.

Y favorecer incluso esta otra nueva tecnología que se la conoce con el nombre de internet de las cosas.

Imaginemos que tener dispositivos en nuestra empresa que solo tengan que ejecutar un navegador, generará una disminución en costos ya sea de equipo como de su mantenimiento, ya que este no necesitará de personal altamente capacitado para realizarlo.

Otra cosa que sucede es que el hardware no se vuelve obsoleto, ya que el hecho de solo tener que correr un navegador no necesitará de ejecutar mayores recursos el día de mañana.

Incluso el mismo navegador, con el tiempo funcionará sencillamente como lo hace hoy día con el ejemplo de la google stadia, como una simple pantalla interactiva.

Que recogerá los datos de los periféricos de entrada, como cámaras, micrófonos, sensores, mouse, teclado.

Los enviará al servidor y nos mostrará lo que recibe del mismo por nuestros periféricos de salida.

Lo que llevará, seguramente, a un bajo mantenimiento de este browser, ya que seguramente cuando se encuentre una versión robusta, no necesitará de constantes actualizaciones.

Por otro lado también simplificará la seguridad, ya que la cantidad de software y hardware necesarios para dar mantenimiento a este tipo de servicios son menores y por ende la cantidad de vulnerabilidades deberían disminuir.

Hoy en día con el uso de los diferentes sistemas operativos, Windows, Linux, etc.

Contamos con muchos servicios con puertos abiertos conectados a internet, cada uno es un software diferente con sus posibles vulnerabilidades.

Imaginemos la posibilidad de manejar solo algunos puertos de comunicación conectados a internet, como es el caso de solo tener el browser.

Esto debería simplificar el tema de la seguridad, por lo menos del lado del cliente.

Algo similar se puede ver en el dispositivo chromecast, que nos permite hacer streaming desde los dispositivos a un televisor.

Igualmente esta idea del navegador tan solo como una pantalla interactiva, no debería ni asustarnos ni excitarnos, ya que hoy en día un navegador ya es una pantalla interactiva.

En la actualidad, cuando accedemos una página web mediante el teclado y el mouse vamos seleccionando objetos, como botones, campos desplegables, introducimos textos, numero en campos de texto mediante el teclado, volvemos a enviar esos datos al servidor, este resuelve una acción y mediante el lenguaje de hipertexto (html) nos envía lo que se verá por pantalla en el navegador.

Bueno, en esencia es casi lo mismo lo que estamos planteando cambiaran las cosas, ver un video en youtube, ponerlo en pausa, adelantarlo no es ni más ni menos que una mescla de las dos tecnologías.

Es por eso que decíamos que cloud computing, no es un cambio en la tecnología, sino más bien un paradigma de trabajo, una nueva forma de organizarnos y trabajar.

Así que este conjunto de cosas, que denominamos tecnología cloud está cambiando la forma en la que trabajamos y no solo eso sino que también, los nuevos perfiles profesionales que están apareciendo.

Google Drive y DropBox

Dos "aplicaciones" que se utilizan hoy día, como una insignia de la nube, son los medios de almacenamiento cloud.

Un ejemplo de estos servicios son, Google Drive y DropBox. Aunque también podemos encontrar su equivalente en otros proveedores cloud como Amazon o Microsoft.

Este servicio de alojamiento de archivos, es multiplataforma en la nube y permite a los usuarios almacenar y sincronizar archivos en línea y entre ordenadores, tabletas y móviles. Y compartir archivos y/o carpetas con otros usuarios.

Básicamente nosotros podemos tener un archivo o conjunto de archivos, en nuestros dispositivos, supongamos pc, para este ejemplo.

Señalar que alguna carpeta en particular, junto con sus archivos en su interior, están disponibles para ser compartidas.

O sea compartir una carpeta, invitando a otros usuarios, brindándole determinados permisos sobre los archivos, como escritura, borrar, lectura, copiarlo, descargarlo, etc.

De esta forma al compartir un archivo o su conjunto, los usuarios colaboradores pueden acceder a estos archivos, y modificarlos o leerlo o realizar aquello para lo que tengan permiso.

Permitiendo de esta forma generar un ambiente de trabajo colaborativo.

Yo podría estar creando un documento en el cual las demás personas podrían compartir o redactar o editar y de esta forma llegar a consensos para trabajar nuestro trabajo en forma conjunta.

Sin necesidad de que existan copias del archivo y cada usuario tenga que trabajar en una copia, para luego tener que cotejar todas para sacar un resultado final.

Esta forma de manejo de documentos compartidos en la nube ya desde hace varios años que está cambiando la forma de trabajar. Y no solo eso, también está cambiando la forma en cómo se almacenan las cosas.

Y esta forma de como se almacenan ya no tiene que ser administrada por mí.

Yo solo contrato un espacio de almacenamiento, que con el tiempo puede variar y un tipo de almacenamiento.

Ya que no es lo mismo almacenar archivos que yo accedo todo el tiempo, que almacenar por ejemplo videos o fotos que solo usare una vez cada tanto.

O almacenar información por un periodo finito de tiempo.

El administrar el espacio y la accesibilidad de parte de los proveedores de servicio cloud es indispensable ya que ellos podrán brindarnos diferentes precios, dependiendo de nuestras necesidades.

Por otro lado algo que ya habíamos destacado que es el hecho de que nosotros no tenemos que estar pendientes de la seguridad o los backup o si se nos termina un disco rígido y necesitamos agregar más medios de almacenamiento.

Entonces, con este ejemplo de almacenamientos en la nube, es que estamos viendo de qué forma se trabaja en ella.

Como vemos y no nos cansaremos de repetir.

El trabajar en la nube es un cambio de paradigma, un conjunto de herramientas que nos permite otra forma de manejarnos.

Veamos a continuación otros ejemplos de herramientas para el trabajo cloud.

Google Calendar

Es una mescla de agenda y calendario electrónico que es capaz de sincronizar con los contactos de Gmail lo que permite compartir y sincronizar eventos.

De una forma similar al Google Drive el servicio de Google Calendar permite la colaboración de varios usuarios con, en este caso, los eventos creados.

Aunque no es un servicio exclusivo de Google, existen otros servicios que brindan características similares como:

Accompany

DigiCal

Shift

TimeTree

CloudCal

Como abordar la transformación digital con Cloud Computing

Cloud es una manera de afrontar la transformación digital de la empresa, con mayor capacidad y sin necesidad de una inversión descomunal inicial.

Y la pregunta sería. ¿cómo sumergirnos en esto?.

Bueno, Cloud Natives Apps, se trata de aplicaciones ligeras en desarrollo y ejecución.

De esta forma se puede crear de forma muy dinámica y adaptable nuevos servicios, para lo que está buscando el mercado.

Según Red Hat, para alcanzar el éxito en el mercado, las empresas deben cambiar la forma de diseñar, compilar y utilizar las aplicaciones.

El cloud natives app es un enfoque que permite diseñar, ejecutar y mejorar las aplicaciones en función de las técnicas y las tecnologías cloud computing.

Son un conjunto de servicios pequeños, independientes y de bajo acoplamiento.

Es una forma de acelerar la manera en que se diseñan las aplicaciones.

Las empresas adoptan el cloud computing a fin de aumentar la escalabilidad y la disponibilidad de las aplicaciones.

Para aprovechar al máximo estos beneficios, se necesita una nueva forma de desarrollar aplicaciones.

Y el desarrollo nativo de la nube es justamente eso.

En el caso de Red Hat® OpenShift® 4 es la plataforma Kubernetes para las empresas que se encarga de la organización de contenedores.

¿Qué necesito para diseñar una app nativa?

Todo comienza con el equipo te trabajo reunido y ayudados por DevOps.

DevOps es un modo de abordar la cultura, la automatización y el diseño de plataformas para proporcionar mayor valor empresarial y capacidad de respuesta.

El desarrollo nativo de la nube se centra en la modularidad de la arquitectura, el sistema sin conexión directa y la independencia de sus servicios.

Una arquitectura de micro servicios, divide las aplicaciones en sus componentes más pequeños posibles e independientes entre sí.

Una interfaz de programación de aplicaciones (API) es un conjunto de herramientas, definiciones y protocolos que se usa para diseñar software de aplicaciones.

Conectan los productos y servicios sin necesidad de saber cómo se implementan.

Los contenedores permiten empaquetar las aplicaciones y aislarlas con todo su entorno de tiempo de ejecución, lo que permite moverlas entre entornos y a la vez mantener su funcionalidad completa.

Si volvemos al DevOps, es una forma para trabajar y desarrollar en forma conjunta y de manera más rápida.

Y por ende, poder ser más competitivo.

Lo que se logra con todo esto, es que al cambiar nuestro modelo de desarrollo, mediante la adaptación de estas tecnologías más agiles, para lograr una mayor velocidad en la cadena de desarrollo y llegue a su etapa de ser consumido por el usuario, ahorrando tiempos.

O sea poder poner mi producto en la calle, lo antes posible.

Y DevOps, nos ayuda con esto, ya que encaja con el modelo clouds, y multicloud (diferentes tipos de nubes, públicas, privadas, etc.)

DevOps acrónimo inglés de development (desarrollo) y operations (operaciones), que se refiere a una metodología de desarrollo de software que se centra en la comunicación, colaboración e integración entre desarrolladores de software y los profesionales de sistemas en las tecnologías de la información (IT).

Es una práctica de ingeniería de software que tiene como objetivo unificar el desarrollo de software y la operación del software

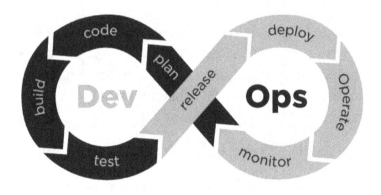

Veamos un poco algunas de las tecnologías alrededor de estas etapas.

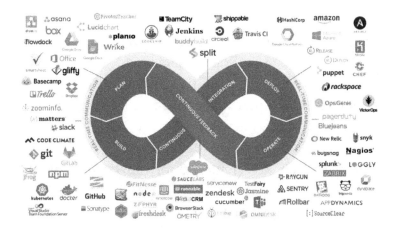

Veamos un modelo mas sencillo para no marearnos.

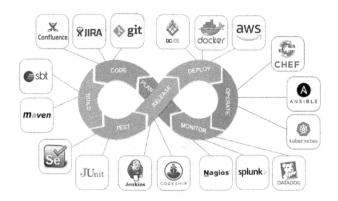

Según Microsoft Azure, DevOps permite que los roles que antes estaban aislados (desarrollo, operaciones de TI, ingeniería de la calidad y seguridad) se coordinen y colaboren para producir productos mejores y más confiables. Al adoptar una cultura de DevOps junto con prácticas y herramientas de DevOps, los equipos adquieren la capacidad de responder mejor a las necesidades de los clientes, aumentar la confianza en las aplicaciones que crean y alcanzar los objetivos empresariales en menos tiempo.

Los equipos que adoptan la cultura, las prácticas y las herramientas de DevOps mejoran el rendimiento y crean productos de más calidad en menos tiempo, lo que aumenta la satisfacción de los clientes.

Cuando las organizaciones se comprometen a implementar una cultura de DevOps, pueden crear un entorno que facilite el desarrollo de equipos de alto rendimiento.

Según Amazon AWS, Las operaciones de desarrollo constituyen una combinación de filosofías culturales, prácticas y herramientas que incrementan la capacidad de una organización de proporcionar aplicaciones y servicios a gran velocidad: desarrollar y mejorar productos con mayor rapidez que las organizaciones que utilizan procesos tradicionales de desarrollo de software y administración de la infraestructura. Esta velocidad permite a las organizaciones servir mejor a sus clientes y competir de forma más eficaz en el mercado.

Prácticas de DevOps

Integración continúa:

Los desarrolladores combinan los cambios en el código en un repositorio central de forma periódica. Los objetivos consisten en encontrar y arreglar errores con mayor rapidez, y reducir el tiempo que se tarda en validar y publicar nuevas actualizaciones de software.

Entrega continua:

Se compilan, prueban y preparan automáticamente los cambios en el código y se entregan a la fase de producción. Amplía la integración continua al implementar todos los cambios en el código en un entorno de pruebas o de producción después de la fase de creación. Los desarrolladores dispondrán siempre de un artefacto listo para su implementación que se ha sometido a un proceso de pruebas estandarizado.

Microservicios:

Es un enfoque de diseño que sirve para crear una sola aplicación como conjunto de servicios pequeños.

Cada servicio se ejecuta en su propio proceso y se comunica con otros servicios mediante una interfaz de programación de aplicaciones basada en HTTP (API).

Los micro servicios se crean en torno a las capacidades empresariales. Cada servicio abarca un único propósito.

Puede utilizar distintos marcos o lenguajes de programación para escribir micro servicios e implementarlos independientemente, como servicio único, o como grupo de servicios.

Infraestructura como código:

Se aprovisiona y administra infraestructura con técnicas de desarrollo de código y de software, como el control de versiones y la integración continua.

Como están definidos por el código, la infraestructura y los servidores se pueden implementar con rapidez.

Monitoreo y registro:

Se monitorean métricas y registros para ver cómo el desempeño de las aplicaciones y la infraestructura afecta a la experiencia que el usuario final tiene de su producto.

Comunicación y colaboración:

Es uno de los aspectos culturales clave de DevOps.

El uso de las herramientas de DevOps y la automatización del proceso de entrega de software establece la colaboración al reunir físicamente los flujos de trabajo y las responsabilidades de los equipos de desarrollo y operaciones.

Algunos Softwares Útiles

Control de versiones:

Tener un repositorio para diversas fases de desarrollo de software, o sea diversas versiones de código, que se suponen que van evolucionando con el tiempo y son fáciles de acceder de manera ordenada.

Por ejemplo:

- Apache Subversion

- Mercurial

- Git (Es la que se utiliza como control de versiones por excelencia hoy en día).

Gestión de entornos:

El objetivo es poder pasar fácilmente de entorno de desarrollo a entorno de pruebas y finalmente a entorno de producción.

Si bien cada entorno es distinto, tenemos la opción de generar una imagen del mismo, mediante la virtualización y pasar a la siguiente etapa.

De esta forma podemos despreocuparnos de que hardware real estoy utilizando y utilizar uno virtual que luego pueda ser ejecutado en cualquier otro hardware y seguir funcionando.

Veamos algunos servicios de gestión de entornos.

Por ejemplo:

- Heroku, este es un entorno de desarrollo.

- OpenShift, este posee contenedores (servicio brindado por Red Hat).

- Docker Cloud, genera un entorno en la nube que permite de utilizar los contenedores generados con docker.

- Elastick Beanstalk, el servicio de amazon que posee varios servicios como heroku y también docker, pero con el apoyo de la infraestructura de amazon.

- Google App Engine o Google Platform, plataforma como servicio de google.

Automatización:

Veamos algo de configuración de sistema, sería un paso luego de haber implementado el desarrollo. Un ejemplo seria pasar de mi server de desarrollo a escalarlo o integrarse con otras aplicaciones. Me refiero a aquellos que necesitan una configuración específica, por ejemplo de apache o de agentes y poder hacer crecer mi proyecto de unos pocos usuarios a unos cientos de miles.

Ya que configurar una por una, ya sean maquinas virtuales o reales, es una tarea larga y complicada. Por lo tanto ese es el motivo de la utilización de estos servicios.

Un ejemplo es decirle a nuestro servicio de automatización cuales son nuestros servidores.

Entonces el servicio estará monitoreando mis servidores, donde encuentre que hay un cambio podría actualizar el resto de los mismos.

Veamos algunos servicios automatización.

Por ejemplo:

- Salt
- Ansible
- Terraform

- Chef

- Puppet

Test, Calidad & Integración

Dentro de la etapa de test, nos referimos a las pruebas unitarias, o sea, a la prueba cada parte del código escrito para verificar que haga lo que realmente se espera. O también una prueba directamente de funcionalidad para poder probar un todo.

Veamos algunos servicios para testeo.

Por ejemplo:

- Jenkins, es el sistema de integración de código abierto más utilizado.

- Buildbot, servicio desarrollado por mozilla

- Travis, el servicio desarrollado por github

- SelenumHQ, es el más utilizado para prueba en web

Haciendo Comunidad

No tenemos que olvidarnos de las herramientas que nos permiten realacionarnos, comunicarnos entre los desarrolladores.

Aquí podemos ver algunos ejemplos de los mas conocidos.

Por ejemplo:

- Slack

- Stack Overflow

Consejo Util

Para cerrar con el tema de los software, podemos hablar un poco de un sitio web, **stackshare**, donde podemos encontrar todas las herramientas más usadas, una calificación, para que sirven y cuales están de moda.

No dejes de visitar este sitio web para encontrar cual es la herramienta más adecuada para tus proyectos.

Movilidad:

¿Que necesitan y que buscan las empresas?

Según wikipedia, La gestión de movilidad empresarial (EMM) es el conjunto de personas, procesos y tecnología centrados en la gestión de dispositivos móviles , redes inalámbricas y otros servicios informáticos móviles en un contexto empresarial.

A medida que más trabajadores han comprado teléfonos inteligentes y tabletas y han buscado apoyo para usar estos dispositivos en el lugar de trabajo, EMM se ha vuelto cada vez más importante.

El objetivo de EMM es determinar si la TI móvil disponible debe integrarse con los procesos y objetivos de trabajo, y cómo apoyar a los trabajadores, cuando utilizan estos dispositivos en el lugar de trabajo.

Pero es mucho más que eso.

Es el hecho de buscar una manera nueva de trabajar, que lo hemos repetido varias veces a lo largo de este libro.

Ya que día a día nos vamos dando cuenta, que ya no hay un perímetro o un dispositivo principal o único.

Ya no es como antes que solo trabajo en mi escritorio y de vez en cuando tengo alguna actividad en mi móvil.

Ahora yo puedo trabajar desde varios dispositivos, en varias ubicaciones, en diferentes franjas horarias.

Por ende tenemos que estar atentos también con este tema en el cloud y ver los servicios que se consumen con el móvil a través de los canales digitales.

Y es verdad que muchos de los servicios vienen aportados por plataformas cloud.

Y como habíamos hablado anteriormente, el browser cobra vital importancia en todo esto.

La idea es que yo pueda comenzar un trabajo en mi escritorio, quizás me lo lleve a la hora de comer, en mi tablet y pueda terminar de observar algo desde mi casa en mi teléfono móvil.

A esto nos referimos, cuando hablamos de movilidad.

Por eso entendemos que mi puesto de trabajo, no debería ser ni un lugar físico, ni un dispositivo.

Sino que será aquello que yo use en determinado momento para efectuar mi trabajo.

De esta forma nos podemos referir más a un espacio de trabajo virtual o a un espacio de trabajo digital (digital workspace), más que a un espacio físico.

Healthcare – Retail – Media - Logística

Mostrare algunos ejemplos de cómo se puede utilizar el modelo Cloud en alguna de estas áreas.

Por ejemplo en el área de la salud, donde la salud digital va en todas las zonas, iniciando incluso en la recepción de los pacientes, hasta en los pacientes que se atienden en forma remota.

Incluso toda la parte administrativa o archivo de imágenes.

El retail es un sector económico que engloba a las empresas especializadas en la comercialización masiva de productos o servicios uniformes a grandes cantidades de clientes.

Es el sector industrial que entrega productos al consumidor final.

¿Y como está cambiando la nube este sector?

Según estudios más del 70% de los usuarios espera que un reail tenga su inventario en línea. O sea, que productos tiene, e incluso, cuantos le quedan.

Y el 50% espera poder comprar en línea a ese retail.

De qué va la transformación digital entonces.

Primero no se trata de desplazar a los empleados, sino brindar herramientas a estos para que puedan tener apoyo para su trabajo.

Ya que se está haciendo cada día más común que las personas no solamente compren en línea. Si no, que estas, comiencen su compra en línea, quizás desde su casa en un dispositivo móvil, ya sea teléfono o tableta, y que se dirijan a la tienda para seguir comprando o para finalizar la compra en la misma tienda.

También para media hay soluciones clouds, el cambio es evidente, como un diario paso y sufrió la transformación digital.

Quizás el mayor cambio es el hecho que muchísimas personas dejaron de comprar el periódico en papel, mientras que ahora se lee en línea, lo que dio un cambio de modelo económico, y no solo eso sino también el cambio llego al contenido y a la necesidad de que este, esté en tiempo real.

O como aparecieron sitios web como Netflix, que necesita día a día ir escalando sus capacidades para almacenar sus videos, o variando los recursos de los diferentes streaming.

Aquellos canales de televisión convencionales que ahora no solo debe tener que realizar un proceso de straming sino que también su contenido, una vez transmitido este suele quedar disponible bajo demanda.

En la geolocalización que permite saber desde que parte del mundo es requerida cierta información y poder decidir si este tiene o no los derecho de reproducción.

Por último veamos como toca la nube la logística.

Este sector también sufrió una gran transformación en su camino de digitalización en los últimos tiempos. Algo que parecía carísimo y quizás limitado a unos pocos.

Incluso en varias partes del mundo los correos fueron cambiando y llegaron a convertirse en un sector de entrega de paquetes.

Por supuesto que las empresas grandes de comercio electrónico, como amazon, mercado libre, alibaba fueron las principales causantes de la revolución en este sector.

El mejor ejemplo del cambio es que uno puede hacer una compra y esta es capaz de llegar incluso el mismo día.

Para terminar:

Quizás uno de los puntos que hace que la adopción de este servicio se vea ralentizada, es el hecho de que si yo contrato un servicio particular en un proveedor cloud, si quiero luego migrar a otro proveedor, este otro no tenga el servicio, o el mismo no funcione de manera similar al antiguo proveedor, y por ende no pueda, o no tan fácil, migrar mi servicio.

Es un poco esa idea que hablábamos al principio que parece o se siente que los datos, si bien son nuestros, no nos pertenecen del todo ya que no los tenemos con nosotros.

También es cierto que en este momento se están desarrollando cloud bidireccionales y multidireccionales, para empezar a solventar estas deficiencias.

Pero al ser tan nuevas estas plataformas requieren de tiempo y de aceptación, ya que están quienes creen que el cloud computing es el futuro y por ende, al futuro tenemos que ayudarlo y aceptarlo para que se convierta en una realidad y en un presente.

En este tema viene trabajando Eurocloud, a través de su programa de certificación, lo que trae esto de trasfondo es un inicio en la estandarización.

Para poder lograr resultados como los desafíos antes mencionados con respecto a la migración.

Según eurocloud.org:

EuroCloud es una organización independiente sin fines de lucro y consta de una configuración de dos niveles en la que las organizaciones de todos los países europeos pueden postularse para participar siempre que respeten los Estatutos de EuroCloud.

Para actuar como un verdadero actor europeo, todos los programas que se desarrollan están destinados a ser actividades europeas. Estos programas europeos son la fuerza de EuroCloud en su conjunto. Respeto a las culturas locales y voluntad de promover un verdadero espíritu europeo.

MISIÓN

EuroCloud Europe es un centro paneuropeo de innovación en la nube, una red de intercambio de conocimientos completamente neutral entre proveedores y clientes de computación en nube, empresas emergentes y centros de investigación.

EuroCloud mantiene un diálogo abierto constante con todos los socios para unir las TI y las empresas. EuroCloud difunde información sobre nuevos modelos de negocio y oportunidades, especialmente para las pymes, y fomenta el desarrollo de un mercado único digital europeo.

EuroCloud establece relaciones sólidas con los gobiernos locales y la Comisión Europea y apoya un entorno estimulante para el desarrollo y crecimiento de la computación en nube.

En este lugar se reúnen desde empresas, asociaciones, personas, proveedores y clientes.

En su sitio web podemos ver que tenemos la parte de acreditación, que es muy útil para profesionales, que puedan formarse y obtener sus credenciales, mejor dicho sus acreditaciones para luego poder orientar dentro de la empresa.

Por otro lado los proveedores, también puede acceder a sus certificaciones algo similar a las normativas iso.

Que ofrece Google

- Compute
- Almacenamiento
- Herramientas de redes
- Bases de datos
- Operaciones
- Herramientas para desarrolladores
- Estadísticas de datos
- IA y aprendizaje automático
- AI Platform y aceleradores
- Administración de API
- Nubes híbridas y múltiples
- Migración
- Identidad y seguridad
- Identidad y acceso
- Computación sin servidores
- Contenedores
- Internet de las cosas (IoT)
- Herramientas de administración

- Salud y ciencias biológicas

- Multimedia y videojuegos

Vemos que son varios y diversos los productos que nos ofrece Google.

Veamos también alguno de estas categorías para ver a modo de ejemplo de que se tratan

Los servicios que nos brinda Google fueron tomados de: https://cloud.google.com/products

Recomendamos recurrir a este enlace para información actualizada sobre los servicios de google.

Compute

Compute Engine

Compute Engine ofrece máquinas virtuales que se ejecutan en los innovadores centros de datos de Google y redes de fibra óptica a nivel mundial. Habilita el escalamiento desde instancias únicas hasta un entorno global de computación en la nube con balanceo de cargas y asistencia para flujos de trabajo y herramientas. Además, aprovecha un arranque más rápido, las opciones de discos locales y persistentes, y un rendimiento uniforme en todas tus cargas de trabajo.

App Engine

Plataforma de aplicaciones sin servidores para apps y backends.

Bare Metal

Infraestructura para ejecutar cargas de trabajo especializadas en Google Cloud.

GPU de Cloud

GPU para el AA, el procesamiento científico y la visualización en 3D.

Migrate for Compute Engine

Migración de servidores y máquinas virtuales a Compute Engine.

VM interrumpibles

Instancias de procesamiento para trabajos por lotes y cargas de trabajo tolerantes a errores.

Recomendador

Recomendaciones proactivas y fáciles de usar para mantener la nube optimizada.

VM protegidas

Máquinas virtuales reforzadas en Google Cloud.

Nodos de usuario único

Hardware dedicado para satisfacer las necesidades de cumplimiento, licencias y administración.

VMware Engine

Migra y ejecuta tus cargas de trabajo de VMware de manera nativa en Google Cloud.

Almacenamiento

Cloud Storage

Almacenamiento de objetos seguro, duradero y escalable.

Persistent Disk

Almacenamiento en bloque para instancias de máquinas virtuales que se ejecutan en Google Cloud.

Cloud Storage para Firebase

Almacenamiento de objetos para guardar y entregar contenido generado por usuarios.

Filestore

NFS para apps y datos que requieren funciones del sistema de archivos.

SSD local

Almacenamiento en unidad de estado sólido local para instancias de máquinas virtuales.

Bases de datos

Cloud Armor

Políticas de seguridad y defensa contra ataques web y de DSD.

Cloud CDN

Red de distribución de contenidos para entregar contenido web y de video.

Cloud DNS

Sistema de nombres de dominio para realizar búsquedas de nombres confiables y de baja latencia.

Cloud Load Balancing

Servicio para distribuir el tráfico entre aplicaciones y regiones.

Cloud NAT

Un servicio de NAT para otorgar acceso a Internet a las instancias privadas.

Conectividad híbrida

Opciones de conectividad para VPN, intercambio de tráfico y necesidades empresariales.

Network Intelligence Center

Plataforma de supervisión, verificación y optimización de redes.

Niveles de servicio de red

Opciones de red de la nube basadas en el rendimiento, la disponibilidad y el costo.

Telemetría de red

Registros de flujo de VPC para la seguridad, la detección de intrusiones y la supervisión de redes.

Directorio de servicios (Beta)

Plataforma para descubrir, publicar y conectar servicios.

Traffic Director

Panel de control de tráfico y administración para una malla de servicios abierta.

Nube privada virtual (VPC)

Red virtual para recursos de Google Cloud y servicios basados en la nube.

Operaciones

Cloud Logging

Registro de aplicaciones en Google Cloud y AWS.

Cloud Monitoring

Supervisión de aplicaciones en Google Cloud y AWS.

Administración del rendimiento de las aplicaciones

Herramientas para que los desarrolladores reduzcan la latencia y el costo de cada aplicación.

Error Reporting

Identificación y análisis de errores de las aplicaciones.

Kubernetes Engine Monitoring

Agrega registros, eventos y métricas desde tu entorno.

Service Monitoring

Supervisión de servicios de Istio y App Engine.

Cloud Trace

Sistema de seguimiento que recopila datos de latencia de las aplicaciones.

Cloud Profiler

Generador de perfiles del montón y de la CPU para analizar el rendimiento de las aplicaciones.

Depurador de Cloud

Función de Google Cloud que permite inspeccionar el estado de las aplicaciones en tiempo real.

Registros de auditoría de Cloud

Herramienta para realizar un seguimiento de la actividad de los administradores y mantener los registros de auditoría.

Indicadores de nivel de servicio transparente

SLI para supervisar los servicios de Google Cloud y sus efectos en las cargas de trabajo.

Herramientas para desarrolladores

Artifact Registry (Beta)

Almacena, administra y protege imágenes de contenedor y paquetes de idiomas.

SDK de Cloud

Herramientas de línea de comandos y bibliotecas para Google Cloud.

Container Registry

Almacenamiento privado de Docker para imágenes de contenedores alojadas en Google Cloud.

Cloud Code

Compatibilidad con IDE para escribir, ejecutar y depurar aplicaciones de Kubernetes.

Cloud Build

Plataforma de integración y entrega continuas.

Cloud Source Repositories

Repositorio privado de Git para almacenar, administrar y supervisar código.

Cloud Scheduler

Programador de trabajos cron para automatizar y administrar tareas.

Cloud Tasks

Un servicio de administración de tareas para ejecutar tareas asíncronas.

Cloud Code para IntelliJ

Compatibilidad con IDE para depurar apps de producción en la nube desde IntelliJ.

Herramientas para PowerShell

Control total de la nube desde Windows PowerShell

Herramientas para Visual Studio

Herramientas para habilitar el desarrollo en Visual Studio, en Google Cloud.

Herramientas para Eclipse

Complemento para desarrollar soluciones de Google Cloud en el IDE de Eclipse.

Gradle App Engine Plugin

Usa Gradle en tus proyectos de App Engine.

Maven App Engine Plugin

Usa Maven en tus proyectos de App Engine.

Firebase Test Lab

Infraestructura de pruebas a pedido destinada a apps para Android.

Firebase Crashlytics

Prioriza y corrige los problemas de estabilidad con mayor rapidez.

Tekton

Recursos nativos de Kubernetes para declarar canalizaciones de CI/CD.

Que ofrece Amazon - AWS

- Análisis
- Integración de aplicaciones
- Realidad aumentada y realidad virtual
- Administracion de costos de aws
- Blockchain
- Aplicaciones empresariales
- Computacion
- Herramientas para desarrolladores
- Informatica para usuarios finales
- Administracion y control
- Servicios multimedia
- Tecnologia cuántica
- Robotica
- Contenedores
- Game Tech
- Migracion y transferencia
- Satelite
- Integraccion con clientes

- Base de datos

- Internet de las cosas

- Aprendizaje automatico

- Aplicaciones móviles

- Seguridad, identidad y conformidad

- Redes y entrega de contenido

- Almacenamiento

- VMware Cloud on AWS

- AWS Outposts

Que ofrece IBM

Según su sitio web IBM ofrece. (ibm.com área servicios)

Desde desarrollar una estrategia integral hasta implementar y gestionar entornos de cloud robustos, los especialistas de IBM garantizarán que saque el máximo partido del cloud. Aportan liderazgo y experiencia con las tecnologías más recientes, como los modelos de cloud híbrido y la informática cognitiva, para ayudarle a crear una solución altamente segura que generará nuevo valor para su negocio.

Gestión

Servicios gestionados de cloud

Cloud para aplicaciones SAP

Soluciones de cloud para Oracle

Servicios gestionados de seguridad de cloud

Servicios gestionados de cloud para System z

Asesoría

Servicios de asesoramiento de CIO

Servicios de asesoramiento de cloud

Servicios de adopción de cloud

Desarrollo

Desarrollo de aplicaciones empresariales

Migración

Servicios de migración de cloud

Soluciones empresariales en cloud

Integración

Optimización de Oracle

Optimización de SAP

Seguridad

Servicios de seguridad de cloud

Gestión de acceso e identidades

Respuesta ante incidentes

Cumplimiento y riesgos de la estrategia de seguridad

Diseño

Método IBM Cloud Garage

Y por supuesto su famoso IBM Watson.

¿Qué es IBM Watson OpenScale?

IBM Watson OpenScale es la plataforma abierta que ayuda a las empresas a gestionar la inteligencia artificial, independientemente de donde residan los datos, con confianza y fiabilidad en los resultados.

VMWare - El papel de la virtualización

Preguntas clave sobre las soluciones multinube de VMware

Hechemos un vistazo a lo que nos ofrece vmware en este momento:

¿Cómo funciona VMware Cloud con el centro de datos de VMware que ya tengo?

VMware extiende al entorno de los proveedores de nube pública de su elección tanto la infraestructura como las operaciones en las que ya confía y que han demostrado su eficacia en el centro de datos durante más de veinte años.

Este entorno uniforme está disponible en todo el mundo, lo que hace posible trasladar fácilmente las cargas de trabajo y disponer de un único conjunto de operaciones, conocimientos, herramientas y políticas, del centro de datos a la nube y el perímetro.

¿VMware Cloud es compatible con mis iniciativas de modernización de aplicaciones?

Sí. VMware lleva años desarrollando una potente plataforma para todas las aplicaciones, desde aplicaciones virtualizadas a contenedores, Kubernetes y mucho más.

Le será posible utilizar VMware Cloud Foundation para modernizar las aplicaciones existentes y crear aplicaciones nuevas en el centro de datos, la nube o el perímetro.

Además, gracias a VMware Tanzu, podrá crear, ejecutar y gestionar aplicaciones contenedorizadas y de microservicios en cualquier nube, incluso en entornos bare metal o de nube nativa.

VMware Cloud también le da acceso al conjunto completo de servicios de nube nativos de todos los proveedores de nube, lo que le permite ampliar el valor y la potencia de las aplicaciones existentes gracias a los servicios que mejor se adapten a su estrategia.

¿Con qué tipo de aplicaciones es compatible VMware Cloud?

VMware es compatible con una amplia gama de aplicaciones, desde las virtualizadas a las contenedorizadas, incluyendo aquellas basadas en principios nativos de nube mediante microservicios y Kubernetes.

Y todas funcionan en la infraestructura de nube de VMware en entornos de centro de datos, de nube y perimetrales.

¿Puedo utilizar VMware Cloud en paralelo con varios proveedores de nube pública?

Sí.

VMware ha establecido relaciones estratégicas con las nubes hiperescalables más importantes (AWS, Azure, Google Cloud, IBM Cloud, Oracle Cloud) y con más de 120 partners VMware Cloud Verified en todo el mundo.

Esto le brinda una flexibilidad considerable para que pueda implementar sus aplicaciones donde desee, con el proveedor de nube que mejor se ajuste a sus necesidades, y siempre con las operaciones e infraestructura coherentes de VMware Cloud.

¿Cómo migro mis cargas de trabajo a la nube pública?

La migración a la nube es una parte esencial de cualquier estrategia de nube.

Muchas organizaciones llevan años esforzándose por migrar las aplicaciones a la nube, invirtiendo grandes cantidades de capital y recursos en la refactorización.

VMware ofrece una vía rápida y fluida a la nube que incluye el realojamiento sin necesidad de realizar ningún tipo de cambio, el traslado a contenedores y la refactorización con servicios nativos de nube.

Gracias a las operaciones y la infraestructura coherentes de VMware Cloud, así como potentes innovaciones como vMotion y HCX, es posible trasladar las aplicaciones a la nube sin refactorizarlas.

Es decir, una migración de aplicaciones veloz sin el coste, la complejidad ni el riesgo que suelen conllevar las migraciones.

¿Cómo puede ayudarme VMware Cloud a optimizar las operaciones de TI?

VMware Cloud le ofrece un modelo nuevo de operaciones de nube.

Cree un centro de datos más eficiente y automatizado, así como operaciones híbridas que utilicen los mismos procesos, herramientas, conocimientos y equipos en varias nubes públicas y el perímetro.

Disfrutará de operaciones coherentes en cualquier nube.

VMware Cloud es más que una infraestructura potente en la que ejecutar las aplicaciones:

Le permite utilizar la nube de forma segura y eficiente.

Virtual Cloud Network

Conecte y proteja las aplicaciones y los datos con una red moderna, con independencia de que se ejecuten en el centro de datos, la nube o la infraestructura perimetral.

Red de contenedores

Proporcione servicios completos de red y seguridad para aplicaciones contenedorizadas.

Redes multicloud

Ofrezca una red y una seguridad coherentes en clouds privadas, clouds públicas y en el perímetro.

Automatización de la red

Agilice la implementación de aplicaciones y la gestión de los servicios de red y seguridad en los centros de datos y entornos de cloud.

Perímetro de red

Aproveche el acceso fiable de las sucursales a servicios de cloud, centros de datos privados y aplicaciones empresariales basadas en software como servicio (SaaS).

Microsegmentación

Defina y aplique políticas de seguridad de red de forma coherente en los entornos de cloud.

Modern Network

Traslade la experiencia de la nube pública a la nube privada con una red que se adapta a las condiciones de las aplicaciones en tiempo real, funciona en hardware de uso general y proporciona elasticidad a la nube según las necesidades.

Libros recomendados de la editorial

Informática:

Computación Cuántica
Delphi - Manual del usuario
Delphi – Principiantes
Inteligencia Artificial
Linux – Principiantes
PHP - Manual del usuario
PHP – Principiantes
Python - Manual del usuario
Python – Principiantes
WebGL - Babylon.JS
Bootstrap 4 – Principiantes
Cloud Computing - Principiantes

Idiomas:

Árabe – Principiantes

Cine:
Dirección de Fotografía

Podes acceder al catalogo completo de libros entrando
al sitio web de la editorial
www.whitetowerpublishing.com

ACERCA DEL AUTOR

Técnico en Electrónica y Analista Programador.
Realizador Integral de Cine y Televisión, Director de
Fotografía. Escritor, Guionista, Traductor Español,
Portugués, Italiano, Alemán, Ingles.

E-Mail
cancinos@hotmail.com